W0039874

Maultaschenküche

Maultaschenküche

Neue und alte Rezepte
von

Siegfried Ruoß

© 1995 Ruoß Verlag, Ulm
Alle Rechte vorbehalten
2. Auflage
ISBN 3-924292-19-1
Idee und Text: Siegfried Ruoß
Illustrationen: Artur Steck
Gesamtherstellung: Ebner Ulm

Inhaltsverzeichnis

Die ersten Maultaschen   8
Die spätere Generation   10
Der Nudelteig - Grundrezept   13
Maultaschenzubereitung   15

Rezepte

Maultaschen-Grundrezept   18
Maultaschen in der Brühe   22
Maultaschen geschmälzt   24
Maultaschen geröstet mit Ei   26
... überbacken   28
... aus Omas Zeiten   30
... vom Oberland   32
Maultaschen mit Zwiebelröhrle   34
... mit Spinatfüllung   36
... "Berner Art"   38
... mit Quarkfüllung   40
... mit Schinken -Lauch-Füllung   42
... mit Zwiebelfüllung   44
... mit Speckfüllung   46
... mit Kräuterfüllung   48

. . . mit Grieß-Quark-Füllung 50
. . . mit Lammfleischfüllung 52
. . . mit Grünkernfüllung 54
. . . mit Huhn-Champignon-Füllung 56
. . . mit sauren Gurken 58
. . . mit Leberwurst 60
"Unterländer Maultaschen" 62
Bunte Maultaschen 64
Maultaschen mit Kalbsgekröse 66
. . . mit Gemüsefüllung 68
. . . mit Leberfüllung 70
. . . mit Fischfüllung 72
. . . mit Pilzfüllung 74
Maultaschen "Allgäuer Art" 76
Maultaschen mit Krautfüllung 78
. . . mit Tomaten und Schinken 80
. . . aus Kartoffeln mit Griebenfüllung 82
Gebackene Maultaschen 84

Die große Verwandtschaft –
Rezepte aus aller Welt

Südtiroler Schlutzkrapfen 85
Kärntner Nudeln 86
Krautkrapfen 88

Ravioli 90

Tortellini 92

Chinesische Teigtaschen 94

Die ersten Maultaschen

Ist Ihnen eigentlich bekannt, daß die ersten Maultaschen süß waren? Nein? Nun, um ganz ehrlich zu sein, auch ich war mehr als überrascht über diese Entdeckung. Ich glaube, niemand wußte es so richtig, daß unsere Lieblingsspeise süße Vorfahren hatte. Die Bezeichnung "Maultaschen" fand ich erstmals im Kochbuch "Der aus dem Parnasso ehmals entlauffenen vortrefflichen Köchin, welche bey denen Göttinnen Ceres, Diana und Pomona viel Jahre gedienet," erschienen im Jahre 1691 in Nürnberg. Den nächsten Hinweis gibt das "Oekonomische Handbuch für Frauenzimmer", das mit herzoglichem gnädigstem Privilegium 1795 in Stuttgart veröffentlicht wurde, wo Maultaschen in Mürbeteig mit Mandelfüllung angepriesen werden.
Und auch in einem alten Kochbuch aus Tuttlingen von 1876 stieß ich auf ein Rezept für

süße Maultaschen : aus Hefeteig, mit "Eingemachtem" gefüllt; des weiteren im Hand-
lexicon der Kochkunst aus Österreich, wo sie
als mit Blätterteig gebacken und mit Mandeln und Mohn gefüllt aufgeführt werden.
Und Maultaschen heißen sie dort heute noch,
die süßen Krapfen!
Wer hätte das gedacht, daß die Urahnen unserer Maultaschen ein süßes Innenleben
hatten! Dabei gab es auch schon im Mittel-
alter Teiglaschen, nur hießen sie da noch
Ravioln und waren, wie uns das oben genannte Kochbuch von 1691 berichtet, mit aus-
gesuchten Leckereien gefüllt, wie z. B. mit
Krebsen, Hechten, Kuheuter, Leberlein und
Kalbsnieren.

Die spätere Generation

Heute werden unsere Maultaschen nur noch mit Salz, Pfeffer und Muskat und ab und zu noch mit Majoran, bekannt im Volksmund als Kuttelkraut, gewürzt. Durchgesetzt hat sich eine Füllung aus Hackfleisch, Zwiebeln oder Zwiebelröhrle (bekannt als "Schnattra"), Speck und alten Wecken. Jahreszeitlich bedingt, werden Zwiebelröhrle durch Spinat oder Lauch ersetzt. Natürlich dürfen auch Eier nicht fehlen. War man früher mal recht "aushausig", so erklärte die Hausfrau: "Heit hane a ganz halbs Oi neido."

Ja, ja, etwas "päb", also sparsam zu sein, das wird uns Schwaben nicht zufällig nachgesagt. Die Maultaschen standen auch nicht immer in so hohem Ansehen wie heute. Waren sie doch über lange Zeit hinweg ein idealer Resteverwerter: für das restliche Siedfleisch vom Tage zuvor, das die willkommene Brühe für die Maultaschen lieferte, für Wurstreste, altes Brot oder Gemüse, das, gut zerkleinert, als Füllung wieder auf den Tisch kam! "Jo nix verkomma lau" ist schließlich eine alte Küchenregel jeder schwäbischen Hausfrau. Nicht umsonst wurde aus dieser Notwendigkeit heraus eine große Anzahl neuer Rezepte geboren. Der

En de kloinschte Däschla
send oft de beschte Sächla

sprichwörtliche Erfindergeist der Schwaben
konnte sich voll austoben, was ja auch immer
neue Variationen dieser so verwandlungsfä-
higen Mehlspeise beweisen.

Was da aber heute alles den Weg in die Maul-
tasche findet, übersteigt jede Vorstellungskraft
eines schwäbischen Küchenzettels. Da gibt es
z.B. Kalbsbries mit Morcheln genauso wie
Füllungen aus Wachtelfleisch, da fehlt dann
nur noch Spinat dazu, und die schwäbische
"Spinatwachtel" könnte zum Jungfernflug
starten!

Nun denn, somit sind unsere Maultäschla
auch in den feinsten Kreisen salonfähig ge-
worden. Und wie bescheiden haben sie doch
angefangen! Die Bezeichnung "grüne Krapfen oder Nudeln" weist sie als eine jahrhun-
dertealte Fastenspeise aus, die besonders am
Gründonnerstag, mit grünem Gemüse gefüllt,
nie fehlen durfte, was unser nun folgender
kleiner Ausflug in die Vergangenheit deut-
lich macht.

Der Nudelteig

Grundrezept für 4 Personen.

400g Mehl,
3-4 Eier,
ca. 3 EL Wasser,
Salz.

Die Zutaten in einer Schüssel zu einem Teig verarbeiten, bis er schön glatt und fest ist. Anschließend läßt man ihn, bevor er ausgerollt wird, noch ca. 20-30 Min. ruhen.

Um den Nudelteig zu füllen, muß er messerdick ausgerollt werden. Noch besser ist der dran, der im Besitz einer Nudelmaschine ist und den Teig damit bestens vorbereiten kann. Früher durfte in einer richtigen schwäbischen Küche ein Nudelbrett nie fehlen, was der folgende Vers beweist:

A guats Nudlabrett ond an guata Ausred' isch's halbe Läba.

Noch heute sehe ich meine Großmutter in der Küche werkeln. Ihre Nudeln waren ihr heilig. Der ganze Raum hing dann voller Nudelfladen. Auf jedem Stuhl befanden sich diese lustigen Gebilde, die einen zum Trocknen, um als Nudeln in die Suppe zu kommen, die anderen waren zur Maultaschenherstellung vorgesehen.

Dieser Küchengroßkampftag war meistens ein Freitag, meine Großmutter war dann ganz in ihrem Element, was man von ihrer Küchenhilfe nicht behaupten konnte. Mußte sie sich doch immer anhören: "Mädla, dr Doig muaß so denn sei, daß ma durchgugga ka, ond bevor des ned kasch, isch niggs midam Heirada."

Ein kleiner Tip: Die meisten Bäckereien verkaufen frischen oder eingefrorenen Nudelteig. Fragen Sie also Ihren Bäcker, damit er für Sie gleich mitbestellen kann. (Gefrorenen Nudelteig vorsichtig behandeln, damit er nicht zerbricht).

Nachdem der Nudelteig also auf dem leicht gemehlten Nudelbrett oder Tisch zu Nudelfladen ausgerollt ist, im Schwäbischen als "Nudelkuchen" bezeichnet, können wir die gewünschte Maultaschenform auswählen.

Maultaschenzubereitung

Die verbreitetste Herstellungsart ist wohl, den
Teig mit der betreffenden Füllung zu bestreichen und zweimal zusammenzurollen.
Die äußeren Ränder mit Eiweiß oder Wasser
bestreichen und gut festdrücken. Nun wird
der gefüllte Fladen bzw. Nudelkuchen ungefähr alle 7 cm mit einem Kochlöffelstiel abge-
drückt und danach mit dem Messer abge-
schnitten. Das ergibt die bekannten vier-
eckigen Taschen, die meist leicht schräg ge-
formt werden.
Eine andere Art - bei Hausfrauen und Haus-
männern beliebt, die den Nudelteig selbst zubereiten - besteht darin, den ausgerollten Nudelkuchen mit dem Messer oder noch besser
mit einem Backrädle in große Quadrate
einzuteilen. Danach die Ränder der Fladen
mit Eiweiß oder Wasser bestreichen, auf eine
Hälfte 1-2 EL Füllung geben, zusammenklappen und gut festdrücken, damit sich keine
Luftblasen bilden können. Ganz Miß-
trauische drücken die Ränder noch mit der
Gabelspitze fest, denn doppelt gemoppelt
hält bekanntlich besser.

Aussäh dent se wia Knödel,
bloß ned so rond

Beliebt ist auch, den Teig mit einem Glas oder einer Tasse auszustechen und halbmond-förmig zusammenzuklappen oder die quadratisch geformten Fladen einfach über Eck zu klappen; so erhalten wir dreieckige Maultaschen.

Sie sehen, mit Phantasie und ein bißchen Geschick bekommen Sie die schönsten Maultaschen!

Einen kleinen Tip zum Schluß: Stechen Sie den Teig doch mal mit Ausstecherformen aus, mit denen Sie für Weihnachten die so beliebten "Ausstecherle, Brödla oder Guatsla" herstellen. Sie wissen doch, die Liebe geht durch den Magen. Stellen Sie sich vor: nach einem zünftigen Ehekrach Maultaschen in Herzform serviert - und Ihr "Herzabemberler" weiß wieder, wo er "drhoim isch"... Wär das nichts?

Böse Zungen behaupten, es sei schon vorgekommen, daß ganz "Narrade" ihrem treulosen "Ehegschponscht" Maultaschen mit Sägemehl gefüllt hätten. Hier heißt es dann nur noch: entweder - oder!

Ja, so ein richtiges gutes Maultaschenmenü will eben verdient sein. Gell!

Maultaschen-Grundrezept

500g Nudelteig zubereiten, siehe Seite 13.

Füllung:
2 alte Wecken,
2-3 Eier,
200g Hackfleisch,
100g geraucher Bauch,
2 Zwiebeln,
1 Bund Petersilie,
ca. 200g Blattspinat (Gefrierspinat tut's auch)
oder Zwiebelröhrle.
Würzen je nach Gusto:
Salz, Pfeffer, Muskat, Majoran.

Die alten Wecken in lauwarmer Milch und
Wasser einweichen und, wenn sie durchge-
zogen sind, gut ausdrücken und zerpflücken.
Die zerkleinerten Zwiebeln, die Petersilie und
den Speck kurz scharf anbraten und abkühlen lassen. Den frischen Spinat weich dämp-
fen, abkühlen lassen und durch den Wolf
drehen. Schneller geht's natürlich mit Gefrierspinat. Die o.a. Zutaten zu einer nicht
zu festen Masse vermengen und würzig
abschmecken.

Wia dr Vaddr, so d' Buaba,
wia d' Köch, so d' Maultascha

Den messerdick ausgerollten Teig auf dem
gemehlten Tisch ausbreiten und 2-3 mm dick
mit der Füllmasse bestreichen. Den Teig
zweimal 6-7 cm breit einrollen. Die Außen-
kanten mit Eiweiß bestreichen und festdrücken, damit die Maultaschen beim Kochen
nicht aufplatzen.
Nun den eingerollten Teig mit dem Kochlöffel alle 5-6 cm abdrücken und mit dem
Messer oder dem Backrädle abtrennen. Die
Maultaschen im leicht kochenden Salzwasser ca. 10 Min. ziehen lassen.

Was gibt's heit? —
A Nixle em a Bixle
ond a goldigs Wart-a-Weile

Maultaschen in der Brühe

Maultaschen zubereiten, siehe Grundrezept Seite 18.

Für eine gute Brühe nimmt man Siedfleisch, es genügen aber auch ein paar Rinderknochen, 2-3 Markknochen sollten nicht fehlen. Die Knochen in Salzwasser aufkochen, den Schaum abschöpfen, Suppengemüse beigeben und 1½ Std. köcheln lassen. Eine schöne Farbe bekommt die Brühe, wenn Sie eine halbierte Zwiebel auf der Herdplatte dunkelbraun anrösten und mitkochen lassen. Die Maultaschen in die Brühe legen, heiß werden lassen und mit hellbraun angedämpften Zwiebeln abschmälzen.

Vor dem Servieren mit Schnittlauch bestreuen. Eine weit verbreitete Sitte ist es, in die Brühe noch eine Portion Kartoffelsalat zu geben.

Ja, wo's Sitte isch, legt sich d'Kuah mitsamt am Hemad ens Bett.

Des hoißt mir
's Maul zom Narra ghalta

Maultaschen geschmälzt

Die erforderliche Menge von Maultaschen in einer heißen Brühe ca. 10 Min. erhitzen. Den Kartoffelsalat auf die Teller verteilen, die Maultaschen portionsweise darauf legen.
Speck- und Zwiebelwürfel in Butter andämpfen und die Maultaschen damit abschmälzen.
Zu diesem Gericht wünscht sich der Schwabe immer etwas braune Soße.
Dazu ein Glas Most – und der Tag ist gerettet.

Was där heit verdruckt,
langt sonscht fir drei

Maultaschen geröstet mit Ei

Maultaschen zubereiten, siehe Grundrezept Seite 18.

Die abgekühlten Maultaschen in Scheiben
schneiden. In einer Pfanne Butter erhitzen
und die zerkleinerten Maultaschen darin gut
anbraten.
1-2 zerklepperte Eier darüber geben und auf
beiden Seiten goldgelb anbraten.
Hier ist ein gemischter Salat genau das Richtige.
Auch bei diesem Gericht sollte man die Soße
nicht vergessen.
"Maultascha send erscht guat, wenn mr gnuag
Eier ond Budder naduad."

Där kommt au hendadrei
wia de alt Fasned

Maultaschen überbacken

Maultaschen zubereiten, siehe Grundrezept Seite 18.

2 Eier, 150 g geriebener Käse, ca. 1/2 l Sahne.

Eine Kasserolle mit Butter ausfetten. Dann eine Schicht Maultaschen, eine Schicht geriebenen Käse, eine Schicht Maultaschen einlegen usw.

Die Eier mit der Sahne verkleppern, mit Salz und Muskat würzen und über die Maultaschen geben. Zum Schluß mit Käse bestreuen und im Ofen ca. 20 Min. überbacken.

Dazu reicht man verschiedene Salate.

Bachad wär's, hot sell Magd gsait, wenn's no scho gessa wär.

Alles nemmt a End,
bloß d' Küchereschtla nia

Maultaschen aus Omas Zeiten

Nudelteig zubereiten, siehe Grundrezept Seite 13.
Füllung:
1 Handvoll Spinat oder Mangold, 1 Zwiebel,
1 Bund Petersilie, Bratenreste, Reste vom Siedfleisch
oder 3 gehäutete Bratwürste, 4 Wecken, 70 g Butter,
4 Eier, Salz, Pfeffer, Muskat.

Den Spinat mit der Zwiebel und Petersilie zerkleinern. Braten, Siedfleisch oder Bratwürste in feine
Würfel schneiden. Die Wecken in halb Milch, halb
Wasser einweichen und gut ausdrücken. Die zerkleinerten Zutaten in Butter andämpfen, abkühlen lassen, Wecken und Eier beigeben und gut
würzen. Alles zusammen zu einem nicht zu festen Teig vermengen.
Den Nudelteig dünn ausrollen, eine Hälfte mit
Füllung bestreichen, Ränder mit Eiweiß befeuch-
ten und die andere Hälfte darüberklappen. Nun
mit einem Kochlöffel gleichmäßige Vierecke eindrücken und mit einem Messer abtrennen.
Die Maultaschen in einer gesalzenen Brühe ca.
10 Min. köcheln lassen. Die Brühe wird danach
mit Eigelb abgezogen und mit den Maultaschen
serviert. Auch hier die Brühe mit den angedämpften Zwiebeln abschmälzen und mit Schnittlauch bestreuen.

Sonscht brengt dr 's Maul ned auf,
wenn's aber Maultascha gibt,
no lauft dem sei Gosch wia gschmiert

Maultaschen vom Oberland

Nudelteig herstellen, siehe Grundrezept Seite 13.
Füllung:
500g Geräuchertes, 1 Wecken, 1 Pfannkuchen,
2 Eier, 1 Bund Zwiebelröhrle, Salz und Pfeffer.

Das Geräucherte (Bauch oder Hals) abkochen und
in kleine Würfel schneiden oder durch den Fleischwolf drehen (grobe Scheibe). Den gewürfelten Wecken
anrösten, im gleichen Fett die kleingeschnittenen
Zwiebelröhrle glasig dünsten. Den Pfannkuchen
in Streifen schneiden, alles gut vermischen und
würzig abschmecken. Den Nudelteig ausrollen
und 12×12 cm große Vierecke ausstechen. Auf jedes
Nudelstück 1 gehäuften EL Füllung geben. Die
Ränder mit Eiweiß bestreichen und übers Eck zu-
sammenlegen, so daß ein Dreieck entsteht, und
zusammendrücken. In leicht kochendem Wasser
ca. 5-10 Min. ziehen lassen.
Die Rauchfleischbrühe abschmecken und die Maultaschen darin servieren.
Schnittlauch nicht vergessen.

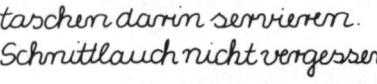

Bei de Reiche lernt mr 's Spara,
bei de Arme 's Kocha

Maultaschen mit Zwiebelröhrle

Nudelteig zubereiten, siehe Grundrezept Seite 13.

Füllung:
5–6 alte Wecken, 2 Bund Zwiebelröhrle, 3 Eier, auf
Wunsch 150 g Bauchspeck, ⅛ l Sahne, Salz, Pfeffer,
Muskat.

Die Wecken bzw. das alte Brot in Würfel schneiden
und in Butter anrösten. Die Zwiebelröhrle gut
waschen, in Scheibchen schneiden und in Butter
glasig dünsten. Die Eier mit der Sahne verkleppern, über die Brotwürfel geben und gut durch-
ziehen lassen. Danach alles zusammen würzen
und vermengen.
Den Nudelteig mit der Füllung bestreichen, zweimal zusammenklappen, die Ränder mit Eiweiß
bestreichen und festdrücken. Mit dem Kochlöffel
die gewünschten Maultaschen abdrücken und
mit dem Teigrädle abtrennen.
In leicht kochendem Wasser ca. 10 Min
ziehen lassen.
In einer kräf-
tigen Fleisch-
brühe ser-
vieren.

Des isch au ed 's Gelbe vom Oi

Maultaschen mit Spinatfüllung

Nudelteig zubereiten, siehe Grundrezept Seite 13.
Füllung:
500g frischer Spinat, 3-4 Wecken, 2 Zwiebeln,
2 Knoblauchzehen, 3 EL Öl, 2-3 Eier, Salz und Muskat

Die alten Wecken in Würfel schneiden und goldgelb anrösten. Im gleichen Fett die feingeschnittenen Zwiebeln und Knoblauchzehen glasig
dünsten. Den Spinat gut reinigen, mit einer Tasse
Wasser in einen großen Topf geben und zusam-
menfallen lassen. (Gefrierspinat rechtzeitig auf-
tauen.) Den Spinat gut ausdrücken und grob zerkleinern. Nun sämtliche Zutaten miteinander
vermischen und würzig abschmecken. Die Füllung auf den Nudelkuchen verteilen, zweimal
zusammenrollen, eindrücken und abschneiden.
In Salzwasser 10 Min. köcheln lassen. Vor dem
Servieren mit angedämpften Zwiebeln und Speckwürfeln abschmälzen.

Dia gangat weg
wia warme Wecka

Maultaschen "Berner Art"

Nudelteig zubereiten, siehe Grundrezept Seite 13.
Füllung:
300g Spinat, 200g verschiedene Kräuter (Salbei,
Petersilie, Zwiebelröhrle, Liebstöckel, Sauerampfer
und was Mutter Natur sonst noch alles bietet),
2-3 Eier, 1-2 EL Semmelbrösel, Salz, Pfeffer und
Muskat. Nach Gutdünken 1-2 EL geriebenen Käse.

Das Grünzeug zerkleinern, in Butter und etwas
Wasser kochen und gut ausdrücken. Mit den restlichen Zutaten vermischen und würzig abschmek-
ken. Den Nudelteig ausrollen und mit einem
Glas Nudelstücke ausstechen. Auf die Hälfte einen
kräftigen EL Füllung geben. Die Ränder mit Eiweiß bestreichen, zusammenklappen und festdrücken. In einer würzigen Brühe ca. 10 Min.
köcheln lassen. Die fertigen Maultaschen in
Butter braun anrösten und zerklepperte Eier
darüberschlagen.

Ma Arma schmeckt's emmer,
ma Reicha nia

Maultaschen mit Quarkfüllung

Nudelteig zubereiten, siehe Grundrezept Seite 13.
Füllung:
200g geriebener Käse, 200g Quark, 2-3 Eier, 1/8l Sahne, 1 Stange Lauch oder 1 Bund Zwiebelröhrle, Salz und Pfeffer, Knoblauch.

Den Nudelkuchen ausrollen und mit einem Glas Kreise ausstechen. Die Zutaten zu einer streichfähigen Masse vermengen. Auf die eine Hälfte 1 EL Füllung geben, die Ränder mit Eiweiß bestreichen und zusammenklappen. In heißem Wasser ca. 10 Min. köcheln lassen.
Eine Kasserolle mit Butter ausfetten und die Quarktaschen einlegen. Aus Mehl, Butter und Milch eine sämige Béchamelsoße herstellen und auf die Taschen geben. Zum Schluß mit Käse bestreuen und im Ofen ca. 20 Min. backen lassen.
Hier empfehle ich verschiedene grüne Salate.

Ma ka nirgends meh spara
als am Häs ond am Gfräß

41

Maultaschen mit Schinken-Lauch-Füllung

Nudelteig zubereiten, siehe Grundrezept Seite 13.

Füllung:

400g gekochter Schinken, 2 Lauchstangen, 3 Eier, 2-3 Wecken, evtl. Semmelbrösel zum Eindicken, Salz, Pfeffer und Muskat.

Den Schinken durch den Fleischwolf drehen, die Lauchstangen gut waschen, in Ringe schneiden und in Butter kurz andünsten. Den abgekühlten Lauch mit dem Schinken, den Eiern und den Gewürzen gut vermengen.

Den ausgerollten Nudelkuchen mit der Füllung bestreichen und zweimal einrollen. Die Ränder mit Eiweiß bestreichen und festdrücken. Die Rolle mit dem Kochlöffel im gewünschten Abstand abdrücken und abtrennen. In Salzwasser ca. 10 Min. köcheln lassen.

Die fertigen Schinkentaschen auf Kartoffelsalat anrichten und mit angedämpften Speck- und Zwiebelwürfeln abschmälzen.

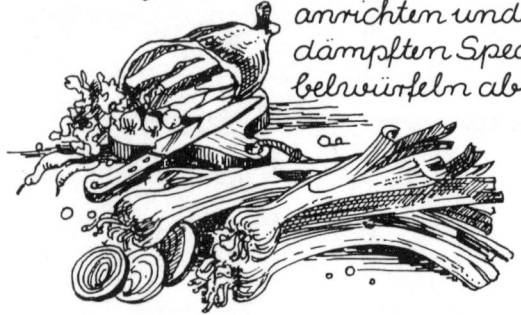

Wia mr ißt, so schafft mr

Maultaschen mit Zwiebelfüllung

Nudelteig zubereiten, siehe Grundrezept Seite 13.
Füllung:
400 g Zwiebeln, 120 g Speck, 2-3 Eier, 2 EL Öl,
1 Becher saure Sahne, 1 EL Kümmel, Salz und
Pfeffer.

Den Speck und die Zwiebeln zerkleinern und in
Öl glasig dünsten. Abkühlen lassen und mit
den restlichen Zutaten vermengen. Den Nudelteig ausrollen, mit Füllung bestreichen und zweimal einrollen. Die Ränder mit Eiweiß bestreichen
und festdrücken. Mit einem Kochlöffel abdrücken
und durchschneiden. In Salzwasser ca. 10 Min.
köcheln lassen.
Die Zwiebeltaschen auf Kartoffelsalat servieren
und mit gebräunten Semmelbröseln abschmälzen.

Ehrlich währt am längschta,
ond wer ned bscheißt,
isch selber schuld

Maultaschen mit Speckfüllung

Nudelteig zubereiten, siehe Grundrezept Seite 13.
Füllung:
400g geräuchter Bauchspeck, 3 Wecken, 1 Bund
Zwiebelröhrle, 1-2 EL Semmelbrösel, 2-3 Eier, Salz,
Pfeffer und Majoran.

Den Bauchspeck in feine Würfel schneiden oder
mit der groben Scheibe durch den Fleischwolf
drehen. Die Wecken einweichen und gut ausdrük-
ken. Die Zwiebelröhrle schneiden und kurz in
Butter anbraten. Alles gut vermengen und würzig abschmecken.
Die Füllung auf den Nudelkuchen verteilen, zweimal umschlagen, den Rand mit Eiweiß bestreichen
und gut zusammendrücken. Mit dem Kochlöffel
ca. 5-6 cm lange Stücke abdrücken und mit dem
Messer abschneiden. 10 Min. in heißem Wasser
köcheln lassen.

Specktaschen serviere ich
auf saurem Linsengemüse.

Wer z'erscht kommt,
mahlt z'erscht

Maultaschen mit Kräuterfüllung

Nudelteig herstellen, siehe Grundrezept Seite 13.

Kräuter: Man nehme also ein Kräuterbuch, schlage Abteilung Wildkräuter auf, lege es in einen Korb und mache sich auf den Weg. Da gibt es dann Sauerampfer, Brennessel und ... Den Rest finden wir sicher im Garten oder auf dem Wochenmarkt. Das Grünzeug, vielen nur als Unkraut bekannt, geben wir in einen Topf mit Butter, dazu ein wenig Wasser, und lassen es garen. Nach dem Abkühlen kräftig ausdrücken und kleinhacken. Etwas Sahne und Eier nach Bedarf dazugeben und mit Salz und Muskat abschmecken und gut vermengen. Auf den ausgerollten Nudelkuchen die Füllung aufstreichen und zweimal zusammenrollen, Maultaschen abdrücken und abtrennen.

In der Gemüsebrühe ca. 5-10 Min. köcheln lassen. Den Sud vor dem Servieren mit Sahne verfeinern.

Geheimtip: der Füllung etwas geriebenen Kräuterkäse beigeben.

Där isch so maulfaul,
daß em d'Maultascha
no en dr Gosch verschemmlat

49

Maultaschen mit Grieß-Quark -Füllung

Nudelteig zubereiten, siehe Grundrezept Seite 13.
Füllung:
200g Quark, 150g Grieß, 3 Eier, ca. 1/4 l Sahne, 1 Bund Dill, Salz und Muskat.

Den Quark mit den Eiern, Grieß, gehacktem Dill und der Sahne zu einer nicht zu festen Masse vermengen. Würzig abschmecken. Die Schüssel abdecken und ca. 45 Min. ziehen lassen und nachwürzen. Den Nudelkuchen messerdick ausrollen und mit einem Glas runde Teile ausstechen. Auf die eine Hälfte 1 EL Füllung geben und zu einem Halbmond zusammenklappen. Die Ränder mit einer Gabel zusammendrücken. In Salzwasser ca. 10 Min. köcheln lassen. Sahne etwas sämig einkochen lassen, mit Salz und Muskat abschmecken und über die angerichteten Maultaschen geben. Mit Dillspitzen bestreuen.
Dazu reicht man grüne Salate.

Gib mr z'erscht d'Maultascha,
no woiß i besser, wieviel Kraut i brauch

Maultaschen mit Lammfleischfüllung

Nudelteig zubereiten, siehe Grundrezept Seite 13.
Füllung:
400g Lammfleisch von Schulter oder Hals, 3-4
Zwiebeln, 2 Knoblauchzehen, 3 Eier, Petersilie, Salz
und Pfeffer.

Das Lammfleisch durch den Fleischwolf drehen
oder gleich beim Metzger zerkleinern lassen. Die
Zwiebelwürfel, den zerkleinerten Knoblauch und
die feingehackte Petersilie in Butter glasig dünsten.
Abkühlen lassen und mit dem Lammfleisch, den
Eiern und Gewürzen zu einer streichfähigen Masse verarbeiten.
Den Nudelteig ausrollen und mit der Füllung bestreichen. Die Ränder mit Eiweiß bestreichen, zweimal zusammenrollen und festdrücken.
Mit einem Kochlöffel Maultaschen
abdrücken und abtrennen. In Salzwasser 10 Min. köcheln lassen.
Die Maultaschen auf Zwiebelgemüse
oder sauren Bohnen anrichten und
mit gedünsteten
Zwiebeln
abschmälzen.

Komm, Herr Jesus, sei unser Gast... —
Sei endlich ruhig!
Mr hent selber ned gnuag

Maultaschen mit Grünkernfüllung

Nudelteig zubereiten, siehe Grundrezept Seite 13, aber
diesmal zur Abwechslung mit Vollkornmehl.
Füllung:
150g Grünkern, 1 Zwiebel, 1 Ei, 2-3 EL Quark, 2 EL
geriebenen Käse, 1 Bund Petersilie, Salz, Pfeffer,
Muskat.

Den gemahlenen Grünkern in Wasser zu einem
Brei kochen und abkühlen lassen. Die Zwiebel und
die Petersilie fein hacken und in Butter kurz andünsten. Alle Zutaten zu einer streichfähigen Masse vermengen und kräftig abschmecken. Unter
Umständen etwas Sahne beigeben.
Den Nudelteig ausrollen und die Füllung messerdick auftragen. Den Teig zweimal umschlagen,
mit Eiweiß bestreichen und gut festdrücken. In
einer würzigen Brühe ca. 10 Min. köcheln lassen.
Auf Spinat oder Mangold-
gemüse anrichten und
mit angedämpften
Zwiebeln ab-
schmälzen.

Sui : Wer satt isch, isch selig
Er : Ond i freß, bis e Deifels werr
Sui : No fang i au nomal a

Maultaschen mit Huhn-Champignon-Füllung

Nudelteig zubereiten, siehe Grundrezept Seite 13.
Füllung:
1 Suppenhuhn, 1 Dose Champignons, 2-3 Eier, 1/8 l Rahm, 1 Bund Petersilie, Zitronensaft.

Das Suppenhuhn, hier eignen sich gut ältere Legehennen, auch als "Rennhenne oder Mistkratzer" bekannt, weich kochen, vom Knochen lösen und durch den Wolf drehen. Die Champignons in Scheibchen schneiden, gehackte Petersilie beigeben und mit den restlichen Zutaten zu einer streichfähigen Masse vermengen. Den Nudelteig ausrollen und Kreise ausstechen. Einen schwachen EL Füllung auf jeden Kreis geben, ihn halbmondförmig zusammenklappen und mit einer Gabel die Ränder leicht festdrücken. In der heißen Hühnerbrühe ca. 10 Min. ziehen lassen. Die fertigen Täschchen eignen sich gut als Suppeneinlage.

Du stohsch guat em Fudder! —
Ond du bisch scheint's z'faul zom Essa

Maultaschen mit sauren Gurken

Maultaschen zubereiten, siehe Grundrezept Seite 18.
Saure Gurkenrädle:
40g Schweineschmalz oder Öl, 40g Mehl, 1 Salat-
gurke, 1 Zwiebel, Essig, Salz, Pfeffer und Lorbeerblatt, Wasser nach Bedarf.

Das Mehl im Fett so lange anschwitzen, bis es eine
goldgelbe Farbe hat, dann mit heißem Wasser ab-
löschen. Eine mit einem Lorbeerblatt gespickte Zwiebel beigeben, würzen und ca. 10 Min.
köcheln lassen. Die Gurke schälen,
in Würfel schneiden, in Butter kurz
andünsten, in die "Brenne" geben und
kurz köcheln lassen. Zum Schluß mit
Essig abschmecken. Die Maultaschen
in einer Brühe heiß machen, in eine
Schüssel geben und die sauren Gurken darübergeben. Dazu reicht man
Bauernbrot und Most.

Hosch Honger, schlupf en a
Gugomer (Gurke),
hosch Durscht, schlupf
en a Wurscht.

58

Dreimol schlecht gessa isch au gfaschtet

Maultaschen mit Leberwurst

Nudelteig zubereiten, siehe Grundrezept Seite 13.
Füllung:
300g Hackfleisch, 2 Wecken, 1 Zwiebel, 2 Eier, 2 kleine Leberwürste, Petersilie, Salz, Pfeffer und Majoran.

Da beim Schlachten meistens ein paar Leberwürste übrigbleiben, wurde und wird auch heute noch die Maultaschenfüllung mit der Leberwurstmasse gestreckt. Das Hackfleisch mit der Leberwurstmasse mischen und die eingeweichten und ausgedrückten Wecken beigeben.

Die feingehackte Zwiebel und Petersilie kurz scharf anbraten, abkühlen lassen und mit den Eiern und den Gewürzen gut vermengen. Die Füllung messerdick auftragen und Maultaschen herstellen, wie gehabt. In Salzwasser ca. 10 Min. köcheln lassen.

Auf Sauerkraut anrichten und mit Speck und Zwiebeln abschmälzen.

Du, dr Doktor macht sich Sorga
wega deim Bauch. —
Was gangat mi d' Sorga vom Doktor a?!

"Unterländer Maultaschen"

Nudelteig zubereiten, siehe Grundrezept Seite 13.

Füllung:

150g Fleischwurst, 150g geräucherte Schinkenwurst, 200g altes Brot oder Wecken, 2 Bund Zwiebelröhrle oder 1 Bund Lauch, 3-4 Eier, 1 Zwiebel, Salz, Pfeffer, Muskat.

Die Fleisch-und Schinkenwurst in feine Würfel schneiden. Das alte Brot bzw. die Wecken ebenfalls würfeln und in Butter hellbraun anrösten. Die zerkleinerten Zwiebelröhrle auch kurz und scharf anbraten.

Nachdem alles abgekühlt ist, die Zutaten gut miteinander vermischen und würzig abschmecken.

Die Füllung auf die Nudelkuchen verteilen, die Maultaschen formen und im heißen Wasser ca. 10 Min. köcheln lassen.

Vor dem Servieren mit angedämpften Zwiebeln abschmälzen.

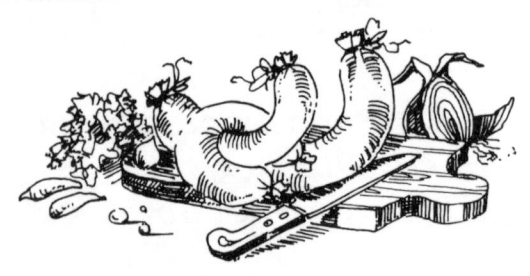

Bei dem kentscht grad moina,
dem häb mr d' Maultascha
mid dr Schaufl gfuadrat

Bunte Maultaschen

Nudelteig herstellen, siehe Grundrezept Seite 13.
Danach den Teig in drei gleiche Teile schneiden.
Den ersten Teil mit feingehacktem Spinat, Kräutern
oder Brennesselsaft grün färben. Dem zweiten Teil
Tomatenmark bzw. Ketchup beimengen, bis der
Teig kräftig rot ist. Der dritte Teil bleibt natur.

Nun rollen Sie die einzelnen Teigstücke messerdick
aus und stechen kleine Kreise aus. Als Füllung
nehmen Sie Bratwurstbrät oder eine würzige
Hackfleischmischung. Die eine Hälfte der Teigstücke bestreichen Sie mit der Füllung und klappen sie halbmondförmig zusammen. Die Ränder
mit Eiweiß bestreichen. Die bunten Maultäsch-
chen in der Brühe ca 10 Min. köcheln lassen.
Das gibt ein lustiges Geburts-
tagsessen!

Do wird neighaut,
bis oim dr Nabel seitwärts schtoht

Maultaschen mit Kalbsgekröse

Nudelteig herstellen, siehe Grundrezept Seite 13.
Füllung:
500g Kalbsgekröse, 3-4 Eier, 1-2 Zwiebeln, 120g Speck,
Petersilie.
Das Kalbsgekröse kochen und zerkleinern. Mit fein-
gehackter Zwiebel, Speck und Petersilie in Butter
andünsten, abkühlen lassen, die Eier darüberschlagen und würzig abschmecken. Den Nudelkuchen ausrollen, die Füllung darauf verteilen, zweimal umschlagen, die Ränder mit Eiweiß bestreichen,
festdrücken und portionsweise abtrennen. In der
Brühe ca. 10 Min. köcheln lassen. Aus Mehl, Fett,
Essig, Wasser, Salz und Pfeffer eine saure Soße bereiten (auf schwäbisch: "A Brenne" oder "A brennta
Supp"). Die "Ravirlen", so genannt im Augsburger
Kochbuch von 1844, werden nun in der "Brenne"
serviert. Dazu gibt es ein Glas Most und ein
Stück "Baurabrot".

Wenn des rauskommt,
was mir do neident,
kommed mir en Deifels Küche

Maultaschen mit Gemüsefüllung

Nudelteig zubereiten, siehe Grundrezept Seite 13.
Füllung:
500g Mangold oder junge Brennesseln, 3 Eier,
12 kleine gelbe Rüben, 1 Zwiebel, Salz, Pfeffer und
Muskat.
Das Grüngemüse in einen Topf mit Butter geben
und mit 1-2 Tassen Wasser aufkochen, gut ausdrücken und zerkleinern. Die feingehackte Zwiebel
in Butter glasig dünsten. Den Mangold mit der
Zwiebel und den Eiern vermengen und pikant
abschmecken, eventuell mit Semmelbröseln eindicken.
Den Nudelkuchen messerdick ausrollen und
Rechtecke 5×12 cm, ausschneiden. Die Füllung verteilen jeweils eine gekochte gelbe Rübe einlegen, die
Ränder mit Eiweiß bestreichen, zusammenklappen.
In Salzwasser ca. 10 Min. köcheln lassen.
Die Gemüsetaschen auf Rahmkar-
toffeln servieren und mit ange-
bräunten Semmelbröseln abschmälzen.

D'Leit send gschleckat,
was wird emmer gmeckert...
Isch aber guat,
no lupft ma da Huat

Maultaschen mit Leberfüllung

Nudelteig herstellen, siehe Grundrezept Seite 13.
Füllung:
400g gehackte Leber, 5-6 alte Wecken, 2-3 Eier, zum
Binden je nach Bedarf 2-3 EL Mehl oder Semmelbrösel, 1 Zwiebel, Petersilie, Salz, Pfeffer und
Majoran.
Die Wecken in halb lauwarmer Milch, halb Wasser
einweichen und gut ausdrücken. Die feingehackte
Petersilie mit Zwiebel glasig andünsten. Nun alle
Zutaten würzig abschmecken und vermengen.
Den Nudelkuchen damit messerdick bestreichen,
zweimal einrollen, die Ränder mit Eiweiß bestreichen und festdrücken. Mit einem Kochlöffel
die Maultaschen abdrücken und mit dem Messer abtrennen. Im Salzwasser ca. 10-15 Min.
köcheln lassen.
Auf Sauerkraut servieren
und mit Speck- und
Zwiebelwürfeln
abschmälzen.

A rächda Supp
hot no koim Domma gschadet

Maultaschen mit Fischfüllung

Nudelteig herstellen, siehe Grundrezept Seite 13.
Füllung:
250g Seelachs, 250g Kalbfleischbrät, 2-3 Eier,
1 Bund Petersilie, Salz und Pfeffer.

Den Seelachs durch den Wolf drehen, die Petersilie
fein hacken und alles zusammen zu einer nicht
zu festen Masse vermengen. Die Füllung auf den
Nudelkuchen verteilen, zweimal umschlagen, die
Ränder mit Eiweiß bestreichen und festdrücken.
In Salzwasser ca. 10-15 Min. köcheln lassen.
Die Fischmaultaschen würde ich auf Blattspinat
anrichten.
Als ich das erste Mal von Fischmaultaschen hörte,
war ich genauso skeptisch wie Sie jetzt. Aber seit
Generationen wird in Ulm aus Weißfischen, heute
Seelachs, diese Spezialität hergestellt. Denn dieser genannte
Fisch ist so voller Gräten,
daß er zum nor-
malen Verzehr
nicht ge-
eignet ist.

Där hockt au bloß rom
ond hot sei Zong em Maul

Maultaschen mit Pilzfüllung

Nudelteig herstellen, siehe Grundrezept Seite 13.
Füllung:
400g frische Pilze, 1 Zwiebel, 2 EL Butter, 2 EL frische
Sahne, verschiedene Kräuter, Semmelbrösel nach
Bedarf.
Die Pilze gut waschen und in feine Scheibchen
schneiden. Die Butter in einer Kasserolle schmel-
zen lassen, die feingehackte Zwiebel andünsten,
die Pilze mit den feingehackten Kräutern zugeben
und mit Salz und Pfeffer würzen. Alles zusammen kurz aufkochen, frische Sahne untermengen
und die Füllung am Herdrand zugedeckt ziehen
lassen. Von dem ausgerollten Teig 10 Rechtecke
von 5×12 cm ausschneiden, darauf je 1 EL Füllung
geben. Den Teigrand mit Wasser oder Eiweiß an-
feuchten und den restlichen Teigfladen über die
Füllung schlagen. Die Ränder andrücken oder
mit einer Gabel eindrücken. In Salzwasser
ca. 10 Min. köcheln lassen.

Ma gschenkta Gaul
guckt mr ned ens Maul-Täschle

Maultaschen "Allgäuer Art"

Nudelteig zubereiten, siehe Grundrezept Seite 13.
Füllung:
500g Spinat oder Mangold, 1 Kräutersträuß-
chen, 3 EL Quark oder geriebenen Käse, 2 Eier,
2-3 EL Semmelbrösel, 1 Zwiebel, Salz, Pfeffer, Muskat.

Den Spinat und die Kräuter abkochen, gut ab-
tropfen lassen und durch den Wolf drehen. Alle
Zutaten gut vermengen und würzig abschmecken.

Die Nudelkuchen damit bestreichen, zusammen-
falten und die abgetrennten Maultaschen ca. 10
Min. im Salzwasser köcheln lassen.
Die Maultaschen vor dem Servieren mit ange-
dämpften Zwiebeln abschmälzen.
Im Sommer immer mit feingeschnittenem
Schnittlauch anrichten.

I nemm Maultascha,
ond du bschdelsch am beschta
a Roschtbrädle mit viel Soß,
damit e a bißle eidonka ka

Maultaschen mit Krautfüllung

Nudelteig zubereiten, siehe Grundrezept Seite 13.
Füllung:
400g Sauerkraut, 150g geräucherter Bauch, 2 Zwiebeln.
Das Sauerkraut zerkleinern und mit dem feingeschnittenen Speck und den Zwiebeln anrösten.
Den Nudelteig messerdick ausrollen und mit einem Glas oder einer Tasse runde Stücke ausstechen.
2-3 EL Füllung daraufgeben, die Ränder mit Eiweiß bestreichen und das Gegenstück fest andrücken. Die Krauttaschen ca. 20 Min. im Salzwasser köcheln lassen.
Vor dem Servieren mit angerösteten Speckwürfeln abschmälzen. Dazu gibt es ein großes Stück Bauernbrot, mit Daumen und Zeigefinger belegt.

Femf hemer glada,
aber zeah wellat komma,
dua halt meh Brot en Tascha
ond hoiß älle willkomma

Maultaschen mit Tomaten und Schinken

Maultaschen, je nach Bedarf, in einer Brühe ca. 10 Min. erhitzen. Tomaten oben kreuzweise einschneiden (den Butzen entfernen!) und kurz ins kochende Wasser geben. Nun die Schale und die Kerne entfernen und die Tomaten würfeln. Den gekochten Schinken in feine Streifen schneiden und mit den feinen Zwiebeln in Butter andämpfen. Die Tomaten dazugeben, frische Kräuter sollten nicht fehlen, und alles zusammen einige Minuten dünsten. Die Maultaschen in eine feuerfeste Form geben und mit den Tomaten übergießen.

Zum Schluß noch etwas geriebenen Käse darüberstreuen und im Ofen kurz überbacken.

Dazu gibt es verschiedene Salate und ein Glas "Roten" vom Ländle.

Wenn'r recht fleißig send,
derferd dr heit obend
em Pfarrhaus essa

Maultaschen aus Kartoffeln mit Griebenfüllung

1 kg Kartoffeln, ca 200 g Mehl, 2 Eier, Grieben je nach Größe der Taschen, 1 Zwiebel, Butterschmalz.

Die Kartoffeln abkochen, schälen und durchdrücken. Den abgekühlten Kartoffelbrei mit dem erforderlichen Mehl und den Eiern, mit Salz und Muskat gut vermengen. Danach den Kartoffelteig auf dem gemehlten Tisch ca. 2-3 mm dick ausrollen und tellergroße Stücke ausstechen.
Auf diese Fladen gibt man 2-3 EL Grieben, die zuvor mit feinen Zwiebeln erhitzt wurden. Nun werden die Taschen zusammengeklappt und in eine Pfanne mit Butterschmalz gelegt und auf beiden Seiten goldgelb gebacken. Sie können die Kartoffelmaultaschen auch in einer gefetteten Kasserolle ca 20-30 Min. im Ofen überbacken. Die Taschen vor dem Backen mit Butter bestreichen. Fünf Minuten vor dem Servieren werden hier die Taschen mit Eierrahm übergossen, den man in der Röhre noch kurz stocken läßt. Dazu reicht man Sauerkraut.

82

Wia war's auf dr Hochzeit? —
Wenn d' Supp so fett gwä wär
wia d' Braut
ond dr Wei so kalt wia d' Supp,
no wär's ganga

Gebackene Maultaschen

Die süßen Maultaschen wurden aus Blätter-, Mürb-oder Hefeteig zubereitet.

So wurden aus dem Blätterteig "Maultaschen mit Mohn" gefertigt. Die Füllung bestand aus gebrühtem Mohn, der mit Zucker und Zimt, Milch, Rosenwasser und gestoßenen Mandeln vermischt wurde.
In der "Wiener Küche" finden wir "Maultaschen mit Mürbteig" umhüllt. Wobei die Füllung hier aus geschlagenem Eischnee, Eidotter, Zucker und geriebenen Mandeln besteht.
"Maultaschen aus Hefeteig" sind aus einem "Tuttlinger Kochbuch von 1876" zu vermelden. Die Füllung besteht aus "Eingemachtem". Aus den oben genannten Beispielen ist zu entnehmen, daß es sich dabei um die Urahnen der heutigen Apfel- und Quarktaschen handelt, denn sie wurden durchweg im Ofen gebacken.

Südtiroler Schlutzkrapfen

Nudelteig:

250g Weizenmehl, 250g Roggenmehl, 2-3 Eier,
1 EL Öl, Salz, etwas Wasser.

Füllung:

300g Quark, 200g Spinat, 50g Parmesan, 1 Zwiebel, 1 Knoblauchzehe, Salz, Pfeffer und Muskat.

Die feingewürfelte Zwiebel und Knoblauchzehe in Butter andünsten, Spinat und
1 Tasse Wasser dazugeben und kurz aufkochen lassen. Den Spinat abkühlen lassen,
ausdrücken und fein hacken. Nun alle Zutaten miteinander vermischen und würzig
abschmecken. Wer will, kann in die Füllung
auch 1-2 Eigelb geben. In Meran gibt man
der Füllung noch ca. 100g gekochten und gewürfelten Schinken bei. Nun den Nudelteig
ausrollen und mit einem Glas 6 cm große
Kreise ausstechen. Darauf 1 TL Füllung geben.
Die Ränder mit Eiweiß bestreichen und zusammenklappen.
Die Täschchen im siedenden Wasser ca. 10 Min.
köcheln lassen.

Teilweise werden sie dann in Butter geschwenkt und mit Käse bestreut. Nie fehlen darf dabei feingeschnittener Schnittlauch. Dazu können Sie Kraut oder Salat servieren.

Kärntner Nudeln

Nudelteig herstellen, siehe Grundrezept Seite 13.

Füllung I:

2 Semmeln, 1/8 l Rahm, 400 g Quark, 2-3 Eier, verschiedene Kräuter, z. B. Minze, Kerbel, Schnittlauch, Petersilie.
Vereinzelt finden wir auch Hirsebrei in der Füllung.

Füllung II:

200g Quark, 200g gekochte Kartoffeln, 2-3 Eier,
fein gewürfelte rote Rüben, Minze, Kerbel, Salz,
Pfeffer und Muskat.

Den Nudelteig ausrollen und 10cm große
Vierecke ausrädeln. 1 gehäuften EL Füllung auf-
legen, die Ränder mit Eiweiß bestreichen, zusammenklappen und gut zusammendrücken.
In Salzwasser 10 Min. köcheln lassen. Die
"Kasnudeln", wie sie in Österreich auch liebe-
voll genannt werden, vor dem Servieren mit
reichlich ausgelassenem Speck, in dem noch
Zwiebelwürfel angebräunt wurden, abschmälzen.
Verschiedene grüne Salate sind hier die richtige Beilage.

Krautkrapfen

Im Schwäbischen werden sie Krautkräpfle, im Bayrischen Krautstrudel genannt. Denn hier werden sie mancherorts noch mit Strudelteig zubereitet; dabei werden die Krapfen in der Röhre mit saurem Rahm übergossen. Nach einem anderen Rezept werden die Krapfen in eine gefettete Kasserolle gelegt, mit ½ Tasse lauwarmem Wasser übergossen, mit Butterstücken belegt, zugedeckt angebacken, gewendet und dann fertig gebacken. Doch nun das Rezept, wie ich es bevorzuge:

Nudelteig zubereiten, siehe Grundrezept Seite 13.

Füllung:

500 g Sauerkraut, 150 - 200 g geräuchten Schweinebauch, 1 - 2 Zwiebeln, Salz, Pfeffer und Kümmel.

Die gewürfelten Zwiebeln und den Speck in Schmalz oder Öl anbraten, das zerkleinerte Sauerkraut dazugeben und mit anrösten. Abschmecken und abkühlen lassen. Den Nudelteig messerdick ausrollen und die Füllung darauf verteilen. Die äußeren Ränder mit Eiweiß bestreichen und den Nudelkuchen zu einer dicken Wurst zusammenrollen. Die Rolle nun in 6-8 cm lange Stücke schneiden und aufrecht in eine gefettete Kasserolle stellen. Kurz anbraten, ca. 3 cm hoch mit Brühe auffüllen, Deckel drauf und in der Röhre ca. 30-40 Min. bei leichter Hitze garen lassen. Gut schmecken sie, wenn sie oben etwas braun angebacken sind. Vor dem Servieren werden sie mit angerösteten Zwiebeln abgeschmälzt.

Tip: Wenn das Kraut zu sauer ist, einfach mit etwas Wasser abspülen. Sie können in das Kraut auch noch einen Apfel reiben. So wie die Krautkrapfen werden auch die Fleischkrapfen zubereitet. (Füllung: siehe Maultaschen-Grundrezept Seite 18).

Ravioli

Von dem italienischen Mönch Guglielmo Mal-
valle, der im 12. Jahrhundert eine ganze Reihe
von Wundern vollbracht haben soll, ist auch
eine Anekdote über Ravioli überliefert.
So wird erzählt, daß er einst bei seinem Freund
zu Gast weilte und von dessen geiziger Frau
Ravioli mit Spreufüllung serviert bekam. Der
heilige Bruder ließ sich dadurch aber nicht be-
irren, segnete die Schüssel mitsamt ihrem un-
gastlichen Inhalt, und siehe da, die Spreu ver-
wandelte sich augenblicklich in köstlichen
Quark. Diese Geschichte läßt vermuten, daß Ravioli schon damals die Gaumen unserer süd-
lichen Nachbarn erfreuten. Es ist allerdings
anzunehmen, daß es sich hier um süße Krapfen
gehandelt hat. Inzwischen haben die kleinen
Nudeln mit ihrer würzigen Füllung die Welt
erobert. Die Füllungen variieren in Italien
von Stadt zu Stadt, und jeder ist stolz auf
seine eigene Variante. Wir kennen vor allem
Ravioli mit Fleischfüllung in Tomaten-
soße. Aber lassen Sie uns einen kleinen
Ausflug in die sagenumwobene Küche der
Ravioli-Feinschmecker unternehmen.

Nudelteig zubereiten, siehe Grundrezept Seite 13.

Füllung I :

250g Hackfleisch, halb Rind, halb Schwein, 1 Zwiebel, 1 EL Öl, 1 Knoblauchzehe, 1 Mohrrübe, 1 EL Tomatenmark, Salz, Pfeffer, Thymian.

Füllung II – Ligurien :

250g mageres Rindfleisch, 75g geriebenen Parmesan, 2 Eier, 25g Butter, 1 Zwiebel, 1 Stange Staudensellerie, 1 Mohrrübe, 1 Knoblauchzehe, 3 EL Olivenöl, 3–4 EL Weißwein, 1 EL Tomatenmark, ca. 150g geriebenes Brot; 1/2 Lorbeerblatt, Salz, Pfeffer, Muskat.

Füllung III – Sardinien :

200g Pecorino-Käse, gerieben; 300g gut ausgedrückten Spinat, 1–2 Eier, etwas Safran, Salz und Pfeffer.

Die Zubereitung ähnelt der der Maultaschen, wobei der Nudelteig bei den Ravioli zu kleinen Vierecken von maximal 5cm Seitenlänge ausgeschnitten wird.

Tortellini

Die Tortellini sollen einem Koch zu verdanken
sein, der seine schlafende Herrin eines Tages
so sah, wie sie der liebe Gott geschaffen hat.
Um ein bleibendes Andenken an seine ange-
betete Donna zu haben, bildete er aus Nudelteig ihren Nabel nach.

Nudelteig zubereiten, siehe Grundrezept Seite 13.

Füllung I:

100g Hühnerbrust, 150g Schweinefilet, 125g
Parmaschinken (dia schlagad net schlecht zua),
1 EL Olivenöl, 2 Eier, 75g geriebenen Parmesan,
1-2 EL Wasser, Salz, Pfeffer, Muskat.

Füllung II:

200g gekochten Schinken, 200g Frischkäse, 1 Zwiebel, gehackte Petersilie, Basilikum, etwas geriebene Zitronenschale, Salz und Pfeffer.

Füllung III:

400g Quark, 150g geriebenen Parmesan, 3-4 Eigelb, 2-3 Knoblauchzehen, ca. 1/4 l Rahm, reichlich gehackte Kräuter, Salz und Muskat.

Den Nudelteig ausrollen und in 6-8 cm große Vierecke schneiden, die Ränder mit Wasser oder Eiweiß bestreichen, 1 TL Füllung daraufgeben und zusammenklappen. Um den Finger wickeln und in Salzwasser ca. 5 Min. köcheln lassen. Natürlich können Sie die Tortellini auch rund ausstechen, halbmondförmig zusammenklappen und dann über den Finger drehen.

Chinesische Teigtaschen

Unter Kennern gilt China als Geburtsland der Nudeln und Teigtaschen. Die bekanntesten sind bei uns die Wan-tan-Täschchen und die Chia-tzu-Täschchen. Aber die Familie der Teigtaschen in China ist groß, und sie sind von Region zu Region verschieden. Die meisten von ihnen werden im Dampfsieb gegart und mit diversen würzigen Soßen serviert.

So konnte ich bei einem Besuch in Shanghai beobachten, wie in einem kleinen Imbißlokal in der Stadtmitte Teigtaschen auf chinesische Art hergestellt wurden. Von der flinken und rationellen Zubereitung war ich so fasziniert, daß ich um ein Haar meinen Bus verpaßt hätte.

Nun, wer auf Marco Polos Spuren wandelt, freut sich besonders – und erst recht einer wie ich, der in jede Küche sein "Zenga" (Nase) hineinstecken muß –, wenn er den Vorfahren unserer Maultaschen auf die Spur kommt. Vor lauter Freude habe ich dann auch vergessen, diesen Vorgang dokumentarisch mit der Kamera festzuhalten. Ich könnte mich dafür heute noch... Pardon!

Aber lassen Sie mich erzählen: Auf einem gemehlten Tisch rollte eine junge Frau daumen-
dicke Teigstränge aus, davon zwickte eine andere mit den Fingern nußgroße Stücke ab und
drückte sie mit dem Handballen flach. Eine dritte
Chinesin belegte die runden Teigfladen mit der
Füllung, ungefähr 1 TL voll, klappte den Teig
nach oben und drehte ihn zu einem Beutel zusammen, der aussah wie bei uns früher die
Knallerbsen. Die fertigen Teigtaschen wurden
dann in Bambussiebe gesetzt und, 6 Stücke
übereinander, auf einem Dampfherd gegart.
Waren sie fertig, schnappte sich ein Chinese
alle 6 Siebe auf einen Schlag und jonglierte
sie flink wie ein Tänzer zu ihrem Bestim-
mungsort, wo sie direkt aus dem Bambussieb
heraus verzehrt wurden. Trotz großen An-
drangs sah es sauber und appetitlich aus, am
liebsten hätte ich mir auch ein Sieb "chinesische
Mauldäschla" einverleibt. Aber, wie gesagt,
"das Maul blieb mir damals sauber."
Während dieser Reise erfuhr ich auch, welche
symbolische Bedeutung die Teigtaschen in
Asien haben: So symbolisiert die Hülle die
Mutter Erde, die Füllung die Menschen, die wie
in Mutters Schoß darin geborgen sind. Dem
ist wohl nichts mehr hinzuzufügen. Wie
könnte man es auch schöner ausdrücken?

Die „Schwäbische Spätzlesküche" hat sich langsam aber sicher in die Liste der Schwäbischen Bestseller etabliert. Zu der 20. Auflage wurde sie gründlich überarbeitet und um 12 neue Rezepte erweitert. Auf den 143, originell illustrierten Seiten werden Sie auch ausführlich über die Geschichte der Spätzle, sowie dem Dinkel, des Schwaben Urgetreide, informiert.
Format: 17×20cm
ISBN: 3-924292-00-0

Die Mehltruhe war jahrhundertelang das Herzstück jeder Küche.
In „Flädla, Knöpfla, Bubaspitzla" finden Sie auf 176 Seiten eine Fülle schwäbischer Köstlichkeiten.
Format: 17×20 cm
ISBN 3-924292-02-7

Ein schwäbisches Kinderbuch in original schwäbischem Dialekt mit über 160 Kinderversen,-liedern, Zungenbrechern,Kettenreimen, Fastnachts-,Oster und Weihnachtsversen aus dem Volksmund.
Jede Seite ist lustig illustriert, zum Teil bunt. Dieses Buch ist einmalig in seiner Art.
Format:17x20 cm
ISBN 3-9242-9201-9

Auf 170 Seiten berichten wir von der Tradition der Hausbäckerei, die sich bis heute in den Backhäusern erhalten hat. 80 neue und alte Rezepte, Anekdoten und Geschichten, erzählen vom Brauchtum rund ums Backhaus. Durchgehend originell illustriert.
Format: 17×20cm
ISBN: 3-924292-18-3

Die „Schwäbische Spätzlesküche", originell in der Spatzenbrettform gebunden, ist ein beliebtes Geschenk auch für Nichtschwaben.

Maultaschenküche
Neu und alte Rezepte von
Siegfried Ruoß

Die Maultaschen, ob in der Brühe, geschmälzt, überbacken oder mit verschiedenen Füllungen haben sich neben den Spätzle zur Lieblingsspeise der Schwaben entwickelt.
34 Rezepte und lustige Anekdoten und Geschichten rund um die Maultaschen finden Sie in dem originell illustrierten Kochbuch.
96 Seiten - handgeschrieben.
Format: 12 × 18 cm
ISBN 3-924292-19-1

Hausmacher Vesper
Neu und alte Rezepte von
Siegfried Ruoß

Nach dem Motto: „Wia isch doch's veschbra sche, wia muaß erscht's Schaffa sei", haben wir uns mal im Ländle umgesehen was da doch für deftige, hausgemachte Vesper auf den Tisch kommen. Von Teller- und Knöchlessulz, agmachter Backstoikäs, Lompasupp bis hin zum Katzagschroi ist alles vertreten was satt macht.
96 Seiten - illustriert und handgeschrieben.
Format: 12 × 18 cm
ISBN 3-924292-21-3

Salate und Kräuter aus dem Bauerngarten
Neu und alte Rezepte von
Siegfried Ruoß

Nach der Fastfood- und Dosenfutterwelle, feiert nun der Salat, angemacht mit frischen Kräutern, wieder ein Comeback.
Salate in neuen und alten Kreationen kommen immer öfter auf den Tisch. Besonders interessant sind die Rezepturen aus Großmutters Bauerngarten.
Auf 96 Seiten erfahren Sie, lustig illustriert, was gesund macht.
Format: 12 × 18 cm
ISBN 3-924292-20-5

Schwäbischer Kalender 1996

Ein originelles Geschenk mit urig-lustigen Karikaturen und Versen.
Auf jeden Fall ein Kalender, der nicht im Papierkorb landet.
Format: 24 × 63 cm, Papier braun.
Auch mit Werbeeindruck lieferbar.
ISBN 3-924292-15-9